AF355663

EDICT DV ROY,

PORTANT ABOLITION

de la Chambre de Iustice, pour la recerche des maluersations commises au faict des Finances, par les Officiers comptables & non comptables, & autres employez en l'administration d'icelles: En payant par eux les sommes ausquelles ils font moderément taxez au Conseil.

Verifié en la Chambre des Comptes le vingt-uniéme Iuin 1635.

A PARIS,

Par ANTOINE ESTIENE, P. METTAYER, C. PREVOST & P. ROCOLET, Imprimeurs ordinaires du Roy.

Au Palais, place du Change, prés le Tresor, à l'Oliuier de Robert Estiene.

M. DC. XXXXV.
Auec Priuilege de fa Maiefté.

(16)

LOVIS par la grace de Dieu Roy de France & de Nauarre, A tous pre-sens & à venir, Salut. Par noſtre Edict du mois de May mil ſix cens vingt-cinq, & pour les conſiderations y contenuës, Nous auons reuoqué la Chambre de Iu-ſtice par Nous eſtablie par autre Edict du mois d'Octobre mil ſix cens vingt- quatre, pour la recerche des maluerſations commiſes au fait de nos Finances: Remis & pardonné à tous nos Officiers comptables & nõ comptables, & autres employez en l'adminiſtration de noſdites Fi-nances, dans les Elections, Greniers. à Sel & Gabelles, Receueurs des de-

A ij

niers communs & patrimoniaux
des Villes, & autres deniers publics,
aux Officiers des Traites, Commiſ-
faires, Controlleurs Generaux &
Particuliers, Gardes des Viures, Cõ-
miſſaires & Controlleurs des Guerres, Eaux & Foreſts, Turcies & Leuées, Voirie, Commis, Commiſ-
fionnaires, & tous autres generalement quelconques, Toutes les fauſſetez, crimes & maluerſations pre-
tenduës auoir eſté commiſes en
noſdites Finances, à plein mention-
nées en noſtredit Edict, ſans qu'à
l'aduenir ils en puiſſent eſtre recer-
chez ny inquietez en leurs perſon-
nes & biens, ayans impoſé ſur ce
ſilence à nos Procureurs Generaux,
leurs Subſtituts & tous autres, Sans
toutesfois y comprendre le ſimple
des obmiſſions de recepte, faux &
doubles emplois ; fauſſes repriſes, &

rreur de calcul, pour lefquels les coulpables ne pourront eftre pourfuiuis que ciuilement, & pardeuant eurs Iuges ordinaires : à la charge qu'à l'aduenir, lefdits Officiers & autres feroient tenus de garder nos Ordonnances & Reglemens fur le faict de leurs charges, à peine d'encourir les peines qui feroient pour ce ordonnées, fans en pouuoir efperer aucune grace: Et qu'à cette fin, feroit fait de dix ans en dix ans, vne Chambre de Iuftice, pour remedier aufdits abus, & faire la punition de ceux qui en feroient coulpables: Et outre, à la charge que chacun de nos Officiers & autres, financeroient les fommes aufquelles chacun d'eux feroient taxez en noftre Confeil pour iouïr de ladite grace. Depuis laquelle reuocation, nous ayant efté donné diuers aduis, & fait plainte,

que plusieurs desdits Officiers comptables, Commissionnaires & autres, ont commis plusieurs desdits
abus & maluersations, qui meriter-
punition exemplaire : Et qu'enco-
que pour les reprimer, nous ayons-
diuers téps fait expedier des Com-
missions à aucuns de nos Officiers
qui ont rendu quelques iugemen-
contre les coulpables qui ont suby-
lesdites condemnatiõs, Neátmoin-
lesdits abus n'ont cessé, en sorte qu-
pour en arrester le cours, il seroi-
necessaire d'établir de nouueau vne-
Chambre de Iustice, attendu mes-
me, que les dix ans dans lesquels ledit establissement deuoit estre fait-
sont expirez depuis la reuocation-
de la precedente. Mais dautant que-
l'erection de ladite Chambre, & la-
recerche qui seroit faite en consequence contre les susdits Officiers

& autres, cauſeroit du prejudice en
nos affaires, & empeſcheroit le ſe-
cours preſent que nous nous pro-
mettons de pluſieurs d'entre eux,
ſoit par preſt de deniers, ou autre-
ment ſur leur credit, pour ſatisfaire
à la ſolde & entretenemét des Gens
de guerre, que nous ſommes obli-
gez de tenir ſus pied, dont le nom-
bre effectif eſt de cent trente-deux
mil hommes de pied, & de douze
mil cinq cens cheuaux, ſans les Gar-
niſons de nos Villes frontieres &
autres places : Auſſi que ladite re-
cherche cauſeroit vn tres-grád trou-
ble & ruine à pluſieurs familles, par
les iugemens & condemnations qui
interuiendroient en ladite Chambre contre aucuns deſdits Officiers
& autres, qui ſeroient contraints de
s'abſenter : ET inclinans aux tres-
humbles remonſtrances & ſuppli-

cations qui nous ont esté faites pa[r]
aucuns de nos plus speciaux serui[-]
teurs, de remettre & pardonner auf[d]
dits Officiers toutes les fautes pa[r]
eux commifes en quelque forte qu[e]
ce foit, depuis ledit mois de Ma[y]
mil fix cens vingt cinq, iufqu'à pre[-]
fent : & ce faifant les décharger d[e]
ladite recerche & eftabliffement d[e]
ladite Chambre, en nous fecouran[t]
par lefdits Officiers de quelque no[-]
table fomme de deniers, qui feroi[t]
regalée fur eux, à proportion d[u]
temps de leur maniement : SçA[-]
VOIR FAISONS, Qu'apres auoi[r]
mis cét affaire en deliberation e[n]
noftre Confeil, auquel affiftoient,
aucuns Princes de noftre Sang, au[-]
tres Princes & Officiers de noftre
Couronne, & autres grands & no[-]
tables Perfonnages : DE l'Aduis
d'iceluy, & de noftre certaine fcien-
ce,

e, pleine puiſſance & authorité
Royale, nous auons par ces preſen-
tes ſignées de noſtre main, quitté,
remis, pardonné & aboly, quittons,
remettons, pardonnons & aboliſ-
ſons à tous nos Officiers comptables ou non comptables, & autres
employez en l'adminiſtratiõ de nos
Finances ; ceux des Elections, Greniers à Sel, Gabelles, Receueurs des
deniers communs & patrimoniaux
des Villes, & autres deniers publics,
Traites, Commiſſaires, Controlleurs & Gardes Generaux & Particuliers des Viures, Commiſſaires &
Controlleurs des Guerres, Eaux &
Foreſts, Turcies & Leuées, Voirie,
Commis, Commiſſiónaires, & tous
autres generalement quelconques,
de quelque eſtat & condition qu'ils
ſoient, toutes les fauſſetez, crimes,
maluerſations, ſoit par falſification

B

d'eſtats , comptereaux , inuentaires,
cahiers de frais , participation dẽ
preſts & traitez , meſmes pour lẽ
faiĉt de leurs charges, taxations &
compoſitions d'aſſignations , pecu-
lat, retention de deniers, billon-
nement d'eſpeces d'or & d'argent,
achapt & échange de debtes, reuen-
tes & rembourſemens d'Offices, &
autres abus & cas, circonſtances &
dependances, ſans rien excepter ny
reſeruer : Et les auons deſchargez
& deſchargeons de l'eſtabliſſement
de ladite Chambre de Iuſtice, en-
ſemble des recerches qui pourroiét
eſtre faites contr'eux, à cauſe des
cas ſuſdits, & generalement tout ce
qui leur pourroit eſtre imputé pour
raiſon de leur maniemét & geſtion,
depuis le mois de May mil ſix cens
vingt-cinq, iuſqu'à preſét, tant pour
les reſtitutions du double, quatru-

ble, correction fur leurs gages &
roicts, cahiers de frais, taxations,
cort & voiture de deniers, que reui-
sion de compte : Et leur auons fait
& faisons, don & remife, & à leurs
vefues, enfans & heritiers, des a-
mendes, condemnations & peines
qu'ils ont encouruës, fans qu'à l'aduenir, eux, leurfdites vefues, enfans
& heritiers en puiffent eftre recer-
chez pour quelque caufe & occa-
fion que ce foit, impofant filence
à nos Procureurs Generaux, leurs
Subftituts & tous autres pour ce regard. AVONS reuoque & reuo-
quons toutes Lettres Patentes &
Commiffions que nous auons cy-
deuant fait expedier pour lefdites
recerches, iufqu'à prefent ; caffons
& annullós toutes procedures, tant
ciuiles que criminelles, faites contr'eux en confequence , enfemble

tous Arrests & Iugemens interue-
nus. N'ENTENDONS toutefois comprendre en ces presentes le simple
des obmissions de receptes, faux &
doubles emplois, fausses reprises, &
erreur de calcul, pour raison dequoy
les coulpables ne pourront estre
pourfuiuis que ciuilement & par
deuant leurs Iuges ordinaires. LE
TOVT à la charge que lesdits Officiers & autres, feront tenus payer
dans le temps qui leur fera ordonné, les fommes aufquelles ils feront
moderément taxez en noftre Confeil, pour iouïr de l'effet des prefentes : Et qu'à l'aduenir lesdits Officiers & autres, feront tenus d'exer-
cer leurs charges fuiuant nos Ordonnances faites & à faire, fans que
ceux qui fe trouueront dorefna-
uant coulpables defdites maluer-
fations, puiffent efperer aucune gra-

ce ny pardon des peines qu'ils au-
ront meritées.

SI DONNONS EN MANDEMENT
à nos amez & feaux Conseillers les
Gens de nos Comptes à Paris, &
tous nos autres Iusticiers & Officiers
qu'il appartiendra , Que cesdites
presentes ils facent lire, publier &
registrer, & du contenu en icelles
iouïr nosdits Officiers & tous autres, leurs vefues, enfans & heritiers,
sans souffrir qu'il leur soit fait ou
donné aucun empeschemét au con-
traire: Et ce nonobstant que par no-
stre susdit Edict du mois de May
mil six cens vingt-cinq , nous ayons
ordonné qu'il seroit estably, de dix
ans en dix ans, vne Chambre de Iustice : auquel Edict pour ce regard
& pour cette fois seulement, sans ti-
rer à consequence , nous auons ex-
pressément dérogé, nonobstát aussi

quelconques autres Edicts, Ordonnances & Lettres à ce contraires:
aufquelles & aux dérogatoires des
dérogatoires y contenuës, nous
auons auffi dérogé & dérogeons
par cefdites prefentes; aufquelles,
afin que ce foit chofe ferme & fta-
ble à toujours, nous auons fait met-
tre noftre Seel. Et dautant qu'on en
pourra auoir affaire en plufieurs &
diuers lieux, nous voulons qu'aux
copies deuëment collationnées par
l'vn de nos amez & feaux Confeil-
lers & Secretaires, foy foit adiou-
ftée comme à l'original : CAR tel
eft noftre plaifir. DONNE' à Sainct
Germain en Laye au mois d'Auril,
l'an de grace mil fix cens trente-
cinq, & de noftre regne le vingt-
cinquiéme. Signé, LOVIS, & plus
bas, Par le Roy, DE LOMENIE,
A cofté, vifa, & fcellé du grand

ſeau de cire verte ſur lacs de ſoye
rouge & verte. Et encor eſt écrit:

Regiſtré en la Chambre des Comptes,
Oüy le Procureur General du Roy, aux
charges contenuës en l'Arreſt cy-deſſus,
les Bureaux aſſemblez le vingt-vniéme
jour de Iuin mil ſix cens trente-cinq.
Signé, BOVRLON,

Collationné à l'Original par moy Conſeiller
Secretaire du Roy & de ſes Finances.